# N° 1350

# CHAMBRE DES DÉPUTÉS

SEPTIÈME LÉGISLATURE

**SESSION DE 1900**

**Annexe au procès-verbal de la séance du 18 janvier 1900.**

# PROPOSITION DE LOI

*ayant pour objet l'institution et l'organisation de* **l'assistance aux enfants des familles indigentes,**

PRÉSENTÉE

PAR M. ÉMILE REY,

Député.

## EXPOSÉ DES MOTIFS

### Considérations générales.

Messieurs,

« *L'assistance publique est due, à défaut de la famille, à tout indigent qui se trouve temporairement ou définitivement dans l'impossibilité physique de pourvoir aux nécessités de la vie.* »

Tel est le principe fondamental qui a été posé par le Conseil supérieur de l'Assistance publique et adopté à l'unanimité par le Congrès international de 1889.

Ce principe ne saurait être sérieusement contesté, car, si le premier devoir de l'homme est de travailler pour vivre, le devoir de la société est de lui venir en aide quand il ne peut pas gagner sa vie et que sa famille se trouve dans l'impossibilité de subvenir à ses besoins.

On peut diviser en trois catégories les malheureux auxquels s'applique ce principe. Ce sont les enfants, parce qu'ils ne sont pas encore en état de travailler ; les infirmes et les vieillards, parce qu'ils ne le sont plus ; les malades, parce qu'ils en sont momentanément empêchés.

Voilà le vaste champ d'action où doit s'exercer l'assistance officielle, obligatoire, celle qui s'impose aux pouvoirs publics comme un devoir social, comme une application des principes de fraternité et de solidarité.

I

Absence presque complète d'assistance nationale.

Or, jusqu'à ces dernières années, l'État s'était à peu près complètement désintéressé de « cette dette sacrée », comme l'appelait la Déclaration des droits de l'homme, si ce n'est pour les enfants trouvés, abandonnés, et les orphelins pauvres. Il ne faisait rien pour les enfants des familles misérables, rien pour les vieillards et les infirmes sans ressources, rien pour les malades indigents. Il laissait ce soin à la charité privée, à l'initiative des communes et des départements. Certes, la bienfaisance individuelle, les associations et corporations charitables, un grand nombre de communes et de départements ont accompli dans ce domaine des œuvres dignes d'admiration et de la reconnaissance publique. Mais leur action ne s'est fait sentir d'une manière utile et efficace que là où se sont trouvées des ressources suffisantes, c'est-à-dire dans les villes riches et populeuses ou dans les communes qui ont eu l'heureuse chance de posséder des familles généreuses et charitables et de recevoir d'elles de bienfaisantes libéralités.

C'est ainsi que l'on rencontre dans nos grandes cités une infinité d'institutions philanthropiques destinées à venir en aide aux malheureux dans toutes les circonstances critiques de la vie, depuis la naissance jusqu'à la mort. Ce sont des maternités pour recueillir les femmes en couches; des crèches et des écoles maternelles pour garder l'enfant pendant que la mère va gagner le pain de la famille; des fourneaux et des soupes populaires pour fournir momentanément une nourriture saine à ceux qui n'ont rien à manger; des asiles de nuit pour donner un abri à ceux qui en manquent; des maisons d'assistance par le travail pour occuper provisoirement l'ouvrier en chômage; ce sont enfin des bureaux de bienfaisance pour distribuer à domicile des secours de toute nature; des hôpitaux pour soigner les malades; des hospices pour procurer une retraite paisible aux vieillards et aux infirmes.

II

Inégalité de l'assistance dans les villes et les campagnes.

Combien différente est la situation dans nos petites villes et nos communes rurales? Sur trente-six mille communes, on en compte environ vingt mille qui sont dépourvues de bureau de bienfaisance, d'hôpital ou d'hospice, et dont les indigents sont par conséquent privés de toute espèce d'assistance. Et encore, parmi les bureaux existants, il en est un certain nombre qui ne possèdent que des ressources insignifiantes et ne peuvent faire qu'un bien dérisoire. La moyenne, en effet, du secours annuel que tous les bureaux réunis accordent à chacun de leurs assistés ne s'élève qu'à une vingtaine de francs. A quel chiffre ridicule ne doit pas tomber le secours dans les bureaux de bienfaisance les plus pauvrement dotés?

Ainsi, dans une société démocratique comme la nôtre, qui proclame dans ses constitutions et grave sur tous ses monuments les grands principes d'égalité et de fraternité, il existe encore plus de vingt mille communes où les pauvres, les malheureux, les déshérités sont oubliés, abandonnés à leur triste sort, comme s'ils n'appartenaient pas à la grande famille française, comme s'ils ne supportaient pas leur part des charges publiques et ne devaient pas participer aux avantages sociaux au même titre que leurs frères des grandes villes!

Qu'on n'aille pas accuser nos populations rurales de ce regrettable état de choses! Qu'on ne prétende pas que, si l'assistance ne s'est pas établie dans les campagnes, c'est par dureté de cœur, manque d'humanité et de commisération! Loin de là. On y est peut-être plus sensible aux misères d'autrui que dans les grandes agglomérations, parce qu'on y est plus près de l'indigence et qu'on en sent plus vivement tout ce qu'elle a de poignant. On n'y refuse jamais au mendiant le morceau de pain qu'il implore, et on ne voit pas des malheureux mourir de faim, comme cela arrive trop souvent dans nos immenses cités.

## III

*La cause de cette inégalité se trouve dans le manque de ressources des communes rurales.*

La seule cause de l'absence d'assistance organisée dans les petites communes rurales, c'est le manque de ressources. Que peut-on, en effet, attendre de communes qui n'ont d'autres revenus que ceux provenant de l'impôt direct, dont le poids est si lourd, et chez lesquelles la valeur du centime est souvent inférieure à 10 ou 15 francs? Quelles largesses espérer de populations composées exclusivement de pauvres gens vivant péniblement du rude travail des champs et n'ayant même pas toujours le nécessaire? Elles ne peuvent compter, comme dans les villes, sur des fondations, des dons et legs provenant de la charité privée, car les familles riches ou aisées, en état de faire des libéralités, manquent dans la plupart de nos communes rurales et désertent de plus en plus les campagnes.

Elles sont donc condamnées pour toujours à leur triste situation, si on ne prend pas des mesures spéciales pour leur fournir les moyens de secourir ceux de leurs habitants qui sont dans la misère. On ne saurait laisser plus longtemps subsister cette criante inégalité entre les habitants des villes et ceux des campagnes. Il faut que, sur tous les points de notre territoire, les indigents reçoivent autant que possible les mêmes secours, soient traités sur le même pied et entourés de la même sollicitude.

IV

Le seul moyen de remédier à cette inégalité est dans l'application du principe de la solidarité sociale.

Pour cela, il est indispensable de faire appel à la solidarité nationale. S'il y a un devoir moral pour l'individu qui est riche de secourir celui qui est pauvre, il y a une obligation sociale, plus impérieuse encore, pour les collectivités riches, de fournir des ressources à celles qui sont pauvres. En d'autres termes, il faut que les communes riches viennent en aide aux communes qui en ont besoin sous forme de subventions départementales; il faut que la collectivité nationale, à son tour, c'est-à-dire l'État, apporte son concours financier aux départements qui manquent des ressources nécessaires. Quand les communes et les départements recevront ainsi des subventions proportionnellement à leurs besoins, on les verra remplir avec empressement et joie leur devoir d'assistance envers les malheureux.

V

L'assistance médicale a été résolue par l'application de ce principe.

L'État et le Parlement ont compris depuis quelques années cette nécessité et commencé à entrer dans cette voie féconde. La première application de ce principe de solidarité a été faite pour l'assistance médicale des indigents par la loi du 15 juillet 1893.

L'assistance des malades sans ressources, pour si utile et nécessaire qu'elle soit, présentait néanmoins toutes les lacunes et les inégalités que nous venons de constater dans l'assistance en général. Bien organisée dans les grandes cités, elle était insuffisante dans beaucoup de villes moyennes et nulle dans la plupart des petites et des communes rurales. Certains départements, désireux de remédier à cette regrettable situation, avaient bien institué sur leur territoire un service de médecine gratuite, mais on n'en comptait que quarante-quatre, et encore se trouvait-il un grand nombre de leurs communes qui, faute de ressources ou de bonne volonté, n'y prenaient pas part.

Les pouvoirs publics ont voulu faire cesser cette choquante injustice et étendre à toute la France les bienfaits de cette assistance. Le législateur a proclamé que, à défaut de la famille, la commune, qui n'est que la famille agrandie, serait tenue de soigner gratuitement ses malades indigents. Il s'est conformé en cela à notre législation, qui de tout temps a fait un devoir à la commune de secourir ses pauvres. C'est aussi la doctrine du Conseil supérieur.

Mais comme cette dépense aurait été ruineuse pour l'immense majorité des petites communes, la loi a décidé que, lorsqu'elles n'auraient pas des ressources d'assistance ou des revenus ordinaires suffisants et seraient obligées de recourir à l'impôt, le département et l'État leur viendraient en aide dans une proportion d'autant plus forte qu'elles seraient plus pauvres. Il est résulté de cette répartition des frais entre les trois groupes sociaux, effectuée d'une manière équitable et en tenant compte de leurs facultés respectives, que cette charge nouvelle est passée presque inaperçue, là où l'on a su éviter les abus, et que la loi a pu être appliquée sans rencontrer de résistance. Les chiffres prévus n'ont même pas été atteints et les prédictions des pessimistes ne se sont pas réalisées.

Si dans certains départements on s'est heurté à quelques difficultés, elles sont venues, moins de la question financière que des tâtonnements inséparables de la mise en œuvre d'une organisation aussi vaste, aussi complexe, aussi délicate qui, tout en assurant les secours médico-pharmaceutiques, tant à l'hôpital qu'à domicile, à plus de deux millions d'habitants, devait s'efforcer de donner satisfaction à la fois aux malades, aux médecins et aux pharmaciens, sans trop surcharger le contribuable, et de prévenir en même temps les abus toujours faciles, surtout dans cette branche d'assistance.

## VI

**Le problème de l'assistance aux vieillards et aux infirmes sera résolu par le même principe.**

Le Gouvernement et les Chambres ne se sont pas bornés à créer l'assistance des malades indigents. En voyant le succès de cette première tentative ils ont voulu faire un nouveau pas et instituer l'assistance de la seconde catégorie de malheureux dont nous avons parlé, celle des vieillards et des infirmes. Par l'article 43 de la loi de finances de l'exercice 1897, cette assistance se trouve amorcée dans les mêmes conditions que l'assistance médicale. La solidarité fiscale des trois groupes sociaux, qui a si bien réussi pour cette dernière, a été également appliquée à la nouvelle, sur la demande que nous en fîmes par voie d'amendement, et fait espérer les mêmes bons résultats. Il ne manque plus que la loi organique qui substituera l'obligation à la faculté et généralisera ces nouveaux secours si indispensables au soulagement de la vieillesse et de l'invalidité. Or cette loi est prête; le Conseil supérieur en a jeté les bases depuis déjà quelques années; le Conseil d'État l'a étudiée à son tour et la dernière législature saisie de la question par nous avec la collaboration de M. Lachièze a déposé, par l'organe d'un de nos distingués collègues, M. Fleury-

Ravarin, un rapport remarquable dont les conclusions sont conformes. Cette proposition n'ayant pu être discutée ni votée, nous l'avons reprise depuis la nouvelle législature et déposée le 3 février 1899. La Commission d'assurance et de prévoyance sociales à laquelle elle fut renvoyée, l'a également adoptée dans ses grandes lignes, ce qui fait espérer que la solution ne se fera pas longtemps attendre.

## VII

Assistance à l'enfance.

Reste l'assistance de l'enfance. C'était la seule dont l'État se fût occupé avant ces derniers temps. Mais il s'était borné à secourir les enfants trouvés, abandonnés et les orphelins pauvres, en vertu du décret du 19 janvier 1811. Pouvait-il se soustraire à ce devoir? Était-il possible qu'il laissât mourir de froid et de faim ces pauvres petits êtres sans famille, sans parents connus et dont on ignore même souvent la commune d'origine. Il aurait été souverainement injuste d'en imposer le fardeau aux communes où ils avaient été recueillis. Aussi l'État a-t-il dû intervenir. Il les a confiés aux hospices et aux départements, mais en se déchargeant sur eux autant qu'il l'a pu et en ne leur allouant pendant longtemps qu'une subvention dérisoire qui n'a atteint que depuis peu le cinquième de la dépense.

Plus tard, par la loi du 5 mai 1869, poussé par un esprit d'économie plutôt que par un sentiment d'humanité, il a promis de participer dans la même proportion aux secours qui seraient alloués aux filles mères « afin de prévenir ou faire cesser l'abandon de leurs enfants », car l'assistance des enfants abandonnés est bien plus onéreuse que l'assistance temporaire à domicile.

En outre, par la loi du 24 juillet 1889, il a pris en tutelle les enfants malheureux et moralement abandonnés pour les soustraire aux mauvais traitements dont ils étaient l'objet ou aux exemples pernicieux qu'ils avaient sous les yeux.

Enfin, citons, en passant, la bienfaisante loi de 1874 sur la protection des enfants du premier âge due à l'honorable M. Théophile Roussel, bien que ce soit plutôt une loi d'hygiène qu'une loi d'assistance.

## Nécessité de l'assistance aux enfants des familles indigentes.

### I

Absence d'assistance nationale à domicile aux enfants légitimes.

Certes, toutes ces lois sont excellentes en elles-mêmes et forment une œuvre considérable. Mais la tâche n'est pas complète. Il reste encore une lacune des plus importantes qu'il est urgent de combler. C'est celle relative aux enfants des familles pauvres, nombreuses, sans ressources, privées du père ou de la mère, ou dont les parents accablés par la maladie ou les infirmités sont incapables de subvenir à leur entretien.

Il n'existe, en effet, aucune assistance officielle, aucune organisation générale de secours pour cette catégorie si intéressante de malheureux. Et cependant, que de misères, que de situations navrantes ne rencontre-t-on pas souvent dans ces familles? Que de suicides provoqués par la faim et le désespoir? Assurément, dans les communes pourvues de bureaux de bienfaisance riches et bien dotés, ces familles ne sont pas complètement oubliées et reçoivent des secours soit en nature, soit en argent. Mais ces secours ont l'immense inconvénient d'être variables, irréguliers, intermittents; ils s'élèvent ou s'abaissent, sont accordés ou retirés suivant les circonstances, sans règle et sans méthode. A des besoins permanents, précis, il faut une aide permanente, déterminée. Si l'on veut soulager sérieusement et efficacement ces familles, il est indispensable de leur allouer des secours fixes, connus d'avance, des véritables pensions d'existence. Ce n'est qu'à cette condition que l'on délivrera ces familles de l'angoisse du lendemain, et que, en leur faisant connaître les ressources mises à leur disposition, elles pourront régler sur elles leurs dépenses et l'effort qu'il leur restera à faire pour subvenir à leurs besoins. « Ce n'est pas une aumône qu'il faut à de telles mères (les mères veuves, abandonnées, dans la détresse), a dit excellemment le très distingué directeur de l'assistance publique, M. Monod, ce n'est pas un banal secours du bureau de bienfaisance. Il faut une organisation telle que la collectivité contribue à l'éducation de leurs enfants pour la part qu'il leur est impossible de fournir elles-mêmes; c'est son devoir, c'est son intérêt (1). »

---

(1) Rapport à M. le Ministre de l'Intérieur à l'effet de saisir le Conseil supérieur de l'assistance publique de la question des secours aux enfants des familles indigentes (*fasc.* n° 62).

## II

Grav inconvénients de ce manque d'assistance au point de vue moral.

Tant qu'on n'aura pas comblé cette grave lacune de notre assistance publique, la législation actuelle des secours à l'enfance sera profondément viciée. Elle apparaitra comme contraire non seulement aux sentiments d'humanité et de justice, mais encore à la morale, au mariage, à la famille. Elle pourra aussi être accusée, à bon droit, de n'avoir pas un souci suffisant de l'augmentation de notre population dont dépendent, à un si haut degré, la puissance et la sécurité de la patrie.

N'est-il pas souverainement immoral, en effet, d'accorder des secours à la mère qui a failli, qui vit dans l'inconduite et de les refuser à la mère sans tache qui remplit courageusement tous ses devoirs?

N'est-ce pas porter une atteinte des plus graves à la famille, cette base fondamentale des sociétés civilisées, source de toutes les énergies fécondes et de toutes les vertus, pour laquelle les pouvoirs publics ne sauraient avoir trop de sollicitude, que de maintenir une législation qui semble dire aux parents : Si vos enfants sont illégitimes, l'État leur viendra en aide ; s'ils sont légitimes, il n'en aura cure. Si vous commettez cet acte monstrueux de les abandonner, l'État les prendra à sa charge, il leur servira de tuteur, il les nourrira et les élèvera jusqu'à leur majorité, comme un bon père de famille. Si vous ne voulez pas vous en séparer, au prix des plus grandes privations, des tourments de chaque jour, tant pis pour vous, tirez-vous d'affaire comme vous pourrez, l'État ne vous doit rien.

« Nous sommes bien hypocrites ou étrangement inattentifs », s'est écrié Jules Lemaître dans un appel éloquent qu'il adressait, il y a quelques années, à l'opinion publique en faveur des veuves ; « quand on nous rappelle que dans les marchés d'esclaves de l'Afrique centrale, la mère est vendue à droite et les enfants à gauche, nous nous apitoyons sur le sort de la négresse séparée de ses petits à coups de matraque. Et nous civilisés, nous chrétiens, nous mettons la veuve chargée d'enfants dans l'alternative de mourir de faim avec eux ou de s'en séparer pour de longues années, sans savoir d'eux autre chose qu'ils sont morts ou vivants. Ah ! que la plupart de nos institutions de bienfaisance sont peu *humaines*. »

## III

Notre législation n'est pas moins contraire à l'augmentation de la population et par suite à l'intérêt supérieur de la défense nationale et de notre rôle dans le monde. Ne semble-t-elle pas vouloir décourager les familles nombreuses, en les laissant aux prises avec la misère, les privations de toute sorte et les condamnant ainsi aux maladies, aux infirmités et aux effrayantes hécatombes qui en sont les conséquences lamentables? « Sans compter les enfants assistés, proclamait le docteur Rochard en 1886, cent mille nourrissons meurent annuellement en France de faim, de misère, faute de soins et de surveillance. »

**Inconvénients au point de vue de la progression de la population et de la puissance de la France.**

Non seulement nos lois d'assistance n'ont rien prévu pour ces familles si dignes d'intérêt, mais encore nos lois fiscales, au lieu de leur tenir compte des charges considérables qui leur incombent, les grèvent d'autant plus qu'elles fournissent à la patrie plus de bras et de cerveaux pour la défendre et faire prospérer ses arts et son industrie. Et pourtant nous avons sous les yeux ce spectacle effrayant de toutes les nations d'Europe grandissant et se multipliant avec rapidité pendant que nous restons dans l'immobilité.

Depuis 1870 l'Allemagne a gagné douze millions et demi d'habitants, la Russie trente-quatre millions, l'Angleterre dix millions, l'Autriche six millions, l'Italie cinq millions, alors que nous augmentions péniblement de deux millions. « On s'effraye de la dépopulation, disait encore M. Jules Lemaître; mais que faisons-nous pour les nombreuses familles? La femme du peuple sait que si elle reste veuve avec *trop d'enfants*, c'est la misère noire, la faim, peut-être le suicide. Aussi elle *se limite.....* L'insuffisance du salaire des femmes et l'abandon où nous laissons les veuves et les familles qui ont été trop fécondes, voilà deux causes et non des moindres de la dépopulation de notre pays. »

Il y a là un danger immense pour l'avenir, pour l'existence même de la France, et l'on ne saurait prendre trop de mesures pour le conjurer. Jamais cependant, dans aucun pays et à aucune autre époque de notre histoire, on ne s'est préoccupé aussi peu de cette question vitale. Sans remonter à l'antiquité qui nous offrirait de nombreux exemples des efforts faits par certains peuples pour encourager la propagation de l'espèce, nous pourrions trouver dans notre ancienne monarchie plusieurs ordonnances destinées à secourir les familles nombreuses. La Constituante avait eu soin, dans sa réorganisation des impôts, d'établir pour elles certains avantages fiscaux. La Convention avait décidé que les mères ayant plus de trois enfants au-dessous de dix ans recevraient une pension annuelle de 60 francs.

L'Empire exemptait du service militaire les jeunes gens mariés. Mais peu après, sous l'influence des idées de Malthus, on considéra l'augmentation de la population plutôt comme un mal que comme un bien et on ne prit aucune mesure pour la favoriser. Nos malheurs de 1870 et le développement menaçant de nos voisins n'ont même pas encore réussi à remonter ce courant.

Ne peut-on pas espérer que l'allocation de secours réguliers aux familles pauvres et nombreuses, si elle n'amène pas un accroissement sensible des naissances, aura du moins pour résultat, en permettant aux parents de mieux soigner leurs enfants, de diminuer notablement la mortalité et de conserver ainsi à notre pays des existences précieuses ?

## IV

Essais faits par les Conseils généraux.

Les Conseils généraux qui sont chargés de recueillir les enfants assistés et de donner des secours aux enfants naturels n'ont pas tardé à s'apercevoir des graves inconvénients qui résultent de l'absence d'assistance de l'enfance légitime. Aussi, malgré la pénurie ordinaire de leurs ressources et leurs difficultés budgétaires, se sont-ils efforcés d'y porter remède autant que leurs moyens le leur ont permis.

Il ressort d'une enquête récente à laquelle a bien voulu procéder, sur notre demande, la direction générale de l'Assistance publique, que tous les départements se sont fait un devoir de venir en aide, dans une mesure plus ou moins grande, aux catégories les plus intéressantes des enfants légitimes. Le Nord seul fait exception; mais la raison en est qu'il n'a pas eu besoin de se substituer aux communes, car elles possèdent presque toutes des bureaux de bienfaisance suffisamment dotés pour pouvoir secourir les familles nécessiteuses. Est-il un argument plus puissant en faveur de la nécessité de cette branche d'assistance que cette unanimité de nos assemblées départementales et les efforts qu'elles font pour l'organiser sur leur territoire?

Malheureusement leurs ressources ne sont pas à la hauteur de leur bonne volonté, et, sauf de rares exceptions, il leur a été impossible, livrées comme elles sont à elles-mêmes, d'établir une organisation complète, méthodique, permettant de secourir, comme il conviendrait, les enfants légitimes dans toutes les circonstances malheureuses où ils peuvent se trouver.

Un trop grand nombre de départements ne peuvent donner des secours qu'à titre exceptionnel et dans des cas d'extrême misère. Parmi ceux qui ont établi des secours réguliers, normaux, la plupart n'ont pu admettre à leur bénéfice que certaines catégories d'enfants. Celle qui est la plus généralement assistée est assurément des plus intéressantes, car c'est la catégorie des orphelins de père ; mais il est des départements où la femme abandonnée, celle dont le mari est infirme ne reçoivent aucun subside, bien que leur situation soit aussi critique que celle des veuves. Dans d'autres, c'est également le père veuf ou dont la femme est incapable de travailler qui est exclu des secours. Enfin, tandis que dans quelques départements on vient en aide aux familles nombreuses après deux ou trois enfants, ailleurs ce n'est qu'après six ou sept. De plus, ces secours sont donnés ici pendant un an seulement, là pendant deux, trois, quatre ans et plus. Il règne entre les départements l'inégalité la plus choquante, car on a procédé en général sans méthode, sans plan d'ensemble, et puis on s'est heurté trop souvent à l'insuffisance des ressources et à l'impossibilité de faire intervenir, pour une part raisonnable, les bureaux de bienfaisance dans l'assistance de ces malheureux qui cependant rentre dans leurs attributions.

C'est le cas de répéter ce que M. Monod disait si justement au Conseil supérieur de l'Assistance publique dans sa session d'ouverture : « Tout ce qui se fait dans notre pays en faveur des malheureux, ces fonds que votent les départements et les communes, ces établissements hospitaliers publics et privés où l'on recueille les malades, ces asiles encombrés d'enfants et de vieillards, tant d'institutions charitables, ces bureaux de bienfaisance, ces associations qui vont répandre des secours dans les plus misérables demeures, tout cela d'abord est insuffisant, ensuite se pratique sans ordre et sans méthode, de sorte qu'il y a abondance, double ou triple emploi ici, et là disette absolue ; et enfin, tout cela se pratiquant pourrait ne pas se pratiquer et a, par conséquent, pour base l'idée de l'aumône. »

## V

Nécessité d'une loi créant et organisan cette assistance.

On ne saurait laisser subsister plus longtemps un état de choses aussi regrettable. Il blesse nos sentiments d'humanité et de justice. Il jure avec nos principes égalitaires et démocratiques. Il est contraire, comme nous l'avons vu, non seulement à la morale et à la famille, mais encore à l'avenir et à la puissance de la France. Il vient enfin s'ajouter à toutes les causes qui favorisent l'émigration des campagnes dont l'accroissement s'accentue de plus en plus et prend les proportions d'une véritable calamité.

Il est donc indispensable qu'une loi intervienne pour généraliser cette assistance et en faire profiter toutes les régions de notre territoire. Elle aura en même temps cet avantage de permettre de réglementer les secours et de tirer un meilleur parti des ressources existantes. Le terrain est préparé et les Conseils généraux sont tout disposés à organiser ce nouveau service. Que l'État accorde des subventions aux communes et aux départements en raison de leurs besoins et de l'insuffisance de leurs revenus, comme il le fait pour l'assistance médicale et celle des vieillards et infirmes, et l'on verra cette nouvelle assistance s'établir là où elle n'existe pas encore, au grand avantage de nos malheureux et de nos déshérités et aussi de l'intérêt général de la nation.

## Organisation.

### I

Cette assistance doit être en principe communale avec l'aide du département et de l'État.

La nécessité de cette nouvelle branche d'assistance étant reconnue, quelle forme faut-il lui donner? Quelle est la collectivité qui doit en être chargée? Sera-ce le département comme pour les enfants assistés? Sera-ce la commune comme pour les indigents en général?

Si nous voulons éviter les abus inséparables de toute assistance, si nous tenons à rester fidèles aux principes posés par le Conseil supérieur et à la tradition, c'est à la commune que doit être confié ce nouveau service, en laissant simplement la réglementation et la surveillance au département. N'est-ce pas elle qui est déjà chargée de l'assistance à domicile des indigents par l'organe de son bureau de bienfaisance? N'est-ce pas à elle qu'incombe l'assistance médicale? N'est-ce pas à elle aussi qu'a été remise l'assistance des vieillards et des infirmes dans les divers projets en préparation? « L'assistance publique est d'essence communale. C'est par la commune que doivent être désignés les bénéficiaires de l'assistance parce que seule elle est en situation de les connaître (1). »

Si l'assistance des enfants trouvés et abandonnés a été mise à la charge des départements, c'est qu'on ne connaît pas en général leur domicile de secours ou qu'il y aurait de graves inconvénients à le rechercher. Il aurait été souverainement injuste dans ces conditions d'imposer les frais de cette assistance aux communes dans lesquelles les enfants ont été recueillis. De plus, ce service exige une organisation complexe et une surveillance spéciale qui auraient été au-dessus des moyens d'une petite commune.

Il y a, du reste, la plus grande analogie entre l'assistance des trois catégories de malheureux dont nous avons parlé: enfance, ma-

(1) Actes du Conseil supérieur de l'Assistance publique, *fasc.* n° 62.

lades, vieillards et infirmes. Et d'abord chacune d'elles doit en principe se donner surtout à domicile, dans la famille. Or, le bureau d'assistance ou de bienfaisance qui siège dans la commune même est mieux placé qu'un organe éloigné, situé au chef-lieu du département, par exemple, pour la distribuer avec discernement et la surveiller avec vigilance.

Puis, pour chaque catégorie, la première condition est que le sujet soit indigent et dans l'impossibilité de subvenir à ses besoins. Nul, mieux que le bureau d'assistance et le Conseil municipal, ne connaît la situation pécuniaire des habitants de la commune et n'est capable de juger quels sont ceux qui ont besoin d'être assistés.

Enfin, pour les enfants comme pour les vieillards et les infirmes, il y a lieu de fixer le chiffre des secours qui sont nécessaires à l'assisté pour vivre. Or, comme les conditions de la vie sont variables selon les localités, les régions et aussi selon la situation personnelle de chaque assisté, il faut que les secours soient appropriés à chaque situation. Là encore les pouvoirs locaux sont seuls en état de se livrer à ces appréciations difficiles et délicates.

Nous n'aurons donc qu'à appliquer à ce nouveau service l'organisation qui a si bien réussi pour l'assistance médicale. Ce sera le bureau d'assistance qui dressera la liste de ceux qui devront être secourus. Ce sera lui également qui déterminera le chiffre et la nature du secours qui lui paraîtra nécessaire. Le Conseil municipal viendra ensuite pour arrêter définitivement la liste des assistés et le montant des secours. Mais l'un et l'autre devront se maintenir pour la quotité des secours dans les limites qui auront été fixées par le Conseil général d'après les conditions économiques et sociales du département. La détermination par l'Assemblée départementale d'un minimum et d'un maximum, entre lesquels se mouvra la commune, nous semble indispensable pour éviter les abus, tant dans le sens de l'insuffisance que de l'exagération des secours.

Quand les secours seront donnés en argent, il nous paraît indispensable qu'ils soient distribués le plus souvent possible, afin qu'ils courent moins le risque d'être gaspillés. Actuellement, on a l'habitude de ne les envoyer que tous les mois et même seulement chaque trimestre. C'est un délai beaucoup trop long qui peut laisser l'assisté pendant ce temps aux prises avec le besoin et à la merci de ses fournisseurs, et d'autre part la somme distribuée est trop considérable pour être bien utilisée en de certaines mains. Nous pensons qu'il y aurait les plus grands avantages à faire cette distribution toutes les semaines. Mais il faudrait abandonner le procédé long et suranné qui est employé.

L'Administration envoie au maire de la commune du bénéficiaire un mandat de payement pour le secours. Le maire, n'ayant pas la franchise postale avec ses administrés, est obligé de faire porter le mandat au destinataire par un agent à son service, ce qui est une cause de retard et peut même être une cause de perte. Quand il ne dispose ni de garde champêtre, ni de valet de ville, il est très embarrassé et attend, le plus souvent, de voir l'intéressé pour lui remettre le mandat. Dans ce cas, le retard peut être assez grand.

Enfin, voilà le mandat arrivé à destination; il faut maintenant aller chez le percepteur pour en toucher le payement. Mais à la campagne le percepteur est éloigné; un jour est parfois nécessaire pour faire le voyage. C'est donc une journée de travail perdue, sans compter la dépense pour vivre dehors. Et puis, on se trouve à la ville. Quelle tentation de se payer quelques petites douceurs ou distractions avec l'argent qu'on vient de recevoir! Aussi le secours est-il souvent bien ébréché, quand il arrive au logis.

Et s'il s'agit d'une veuve allaitant son enfant, comment veut-on qu'elle le quitte pour aller si loin chercher son pécule?

Ce procédé n'est plus digne de notre temps. De tous côtés, dans l'industrie et le commerce, on s'ingénie à trouver des moyens plus simples et plus expéditifs. Il faut que l'Administration suive leur exemple. Elle a la Poste à sa disposition. Qu'elle s'en serve pour porter les secours à domicile aussi souvent que cela sera nécessaire. Nous avons donc inséré dans la loi que les secours en argent pourraient être distribués toutes les semaines à domicile en franchise, sur une délibération du Conseil général.

Si, malgré ces précautions, les secours sont dissipés inutilement et détournés de l'emploi auquel il sont destinés, les Conseils municipaux pourront, sur la demande des bureaux d'assistance, les réduire, suspendre ou supprimer.

## II

Catégories des enfants qui doivent être assistées.

Quelles doivent être les familles appelées à bénéficier de la nouvelle assistance? Il ne suffira pas qu'elles soient indigentes, car il faut se garder d'affaiblir chez les parents le sentiment que c'est pour eux un devoir sacré de nourrir leurs enfants. Il faudra, en outre, qu'elles soient dans des conditions particulières qui leur rendent l'accomplissement de ce devoir très difficile ou impossible.

Nous avons déjà montré les hautes raisons de justice et de morale qui doivent faire admettre à l'assistance la mère veuve qui n'a plus pour l'aider le concours de son mari.

Mais, au point de vue des conséquences matérielles, toutes les mères qui sont privées de leur mari pour une cause quelconque : abandon, divorce, incarcération, service militaire, se trouvent dans la même situation malheureuse. Elles doivent, par conséquent, être assimilées aux veuves.

Si la mère, livrée à elle-même, ne peut élever ses enfants, il en est également pour le mari veuf ou privé de sa femme par abandon ou tout autre cause. Il ne peut être à la fois à la maison, pour garder et soigner les enfants en bas âge, et au dehors pour gagner la vie de sa famille. Le père, dans ces conditions, devra donc aussi recevoir des secours.

Ce n'est pas seulement quand les familles indigentes sont privées du père ou de la mère qu'elles se trouvent dans la détresse et méritent d'être secourues; elles le sont bien davantage quand l'un des époux est atteint d'infirmité ou d'une maladie incurable, car, outre la charge de ses enfants, l'époux valide a la charge encore plus lourde de son conjoint.

Ce n'est pas tout encore. Les familles pauvres ont aussi besoin de recevoir des secours quand elles sont trop nombreuses. Un ménage de travailleurs ne peut faire face qu'à l'entretien d'un nombre assez limité d'enfants. Quand ce nombre est dépassé, le dénuement, la misère surviennent avec tous les maux qui en dérivent. Nous pensons qu'un ménage qui n'a que le produit d'un maigre salaire pour vivre n'est, en général, capable de subvenir normalement qu'à l'existence de deux enfants. Les secours devront donc être accordés toutes les fois qu'il y aura plus de deux enfants âgés de moins de treize ans et n'étant pas, par conséquent, en état de se suffire.

Il est encore une autre circonstance où une famille pauvre a besoin d'être assistée, c'est quand il lui survient deux jumeaux. La mère, ne pouvant les allaiter tous les deux sans faire courir des dangers à sa santé et à la vie des nouveaux-nés, est obligée de recourir à une nourrice. Il faut donc lui donner les moyens de la payer.

Enfin, on peut se demander si les enfants naturels pourront être compris dans cette assistance. En principe ce nouveau service de secours est créé pour les enfants légitimes, puisque, en fait, il n'en existe pas pour eux, à moins d'abandon de la part de leurs parents, et que nous voulons faire disparaître la criante inégalité dont ils sont victimes. Mais l'exclusion des enfants naturels aurait pour résultat de les faire passer de la situation privilégiée dont ils jouissent actuellement par rapport aux enfants légitimes dans une situation inférieure. En effet, tandis que l'assistance serait obligatoire pour ces derniers, elle ne serait que facultative pour les autres. Or, tant que la loi sur les enfants assistés n'aura pas été modifiée de manière à établir l'obligation du secours pour l'enfant naturel comme pour l'enfant légitime, il paraît sage de laisser la nouvelle assistance ouverte aux enfants nés hors du mariage. Si la commune les accepte, le département n'aura pas besoin de les secourir, et, réciproquement, si ce dernier les prend à sa charge la commune pourra se dispenser de les assister.

Du reste, nos lois d'assistance n'ont jamais distingué jusqu'ici entre l'enfant naturel et l'enfant légitime; elles n'ont envisagé que leur situation matérielle et il n'y a pas intérêt, dans l'état actuel des choses, à innover sur ce point.

Nous ferons observer toutefois que la nouvelle assistance, ne s'adressant qu'aux enfants de *familles* indigentes, ne saurait admettre que l'enfant naturel reconnu, car celui qui ne l'est pas ne peut être considéré comme ayant une famille. De plus, pour savoir à quelle collectivité incombe l'assistance, il faut connaître le domicile de secours de la mère. Or, on ne peut connaître sûrement la mère que lorsqu'elle a reconnu son enfant ou qu'elle a fait tout au moins à la mairie la déclaration de sa maternité.

## III

Durée des secours.

Il nous reste à déterminer jusqu'à quel âge les secours seront alloués.

Le principe posé par le Conseil supérieur que l'assistance est due à ceux qui ne sont pas en état de subvenir aux nécessités de la vie par le travail aurait pour conséquence logique de servir les secours jusqu'à treize ans, époque où l'enfant sort de l'école et peut commencer à travailler pour vivre. Mais si la loi était appliquée d'une manière aussi large, elle entrainerait des dépenses telles qu'elle risquerait de ruiner nos budgets, découragerait les assemblées locales et deviendrait inapplicable. D'ailleurs, avant treize ans l'enfant peut rendre, en dehors de ses heures de classe, surtout à la campagne, quelques services qui payent une partie de son entretien.

Il faut, si l'on veut aboutir, savoir se borner, et faire d'abord l'indispensable, c'est-à-dire venir en aide aux parents, pendant la période où les enfants coûtent le plus, alors qu'on doit les allaiter, leur donner des soins de tous les instants, et qu'ils immobilisent en quelque sorte une personne.

Nous avions, en conséquence, pensé tout d'abord que les secours ne seraient alloués que pendant les deux premières années de la vie de l'enfant, afin de réduire autant que possible la dépense. A deux ans, du reste, l'enfant étant sevré, marchant seul et pouvant se nourrir comme les autres membres de la famille, n'a plus besoin d'une surveillance aussi assidue, ce qui permet à la mère de se livrer au travail. C'est un âge qui se rattache à des conditions physiologiques bien déterminées et après lequel commence une période qui est sensiblement la même jusqu'à l'âge scolaire.

Cette idée, nous l'avions même exprimée dans un amendement au budget de 1898 destiné à amorcer cette nouvelle branche d'assistance. Mais, après avoir acquis la certitude qu'avec une bonne utilisation des ressources existantes le nouveau service entraînerait très peu de charges supplémentaires, nous avons porté aux quatre premières années la période pendant laquelle l'enfant recevra des secours.

Il y a lieu, du reste, d'observer que les secours pourront aller en diminuant après la première année, au fur et à mesure que l'enfant avancera en âge et coûtera moins cher à ses parents.

## IV

L'assistance des enfants des familles pauvres doit être, avons-nous dit, en principe communale. C'est là une garantie essentielle du bon fonctionnement de ce nouveau service. Mais si la commune doit être tenue de secourir cette catégorie de malheureux, ce ne peut être qu'à la double condition, comme pour l'assistance des malades et celle des vieillards et infirmes, d'être aidée par le département et l'État, lorsqu'elle n'a pas les ressources nécessaires, et de n'avoir à sa charge que ceux qui l'habitent depuis un temps suffisant pour avoir acquis le domicile de secours chez elle.

Si pour l'assistance médicale une résidence d'un an suffit à donner le domicile de secours, il ne saurait en être de même pour la nouvelle assistance, qui sera, par tête d'assisté, plus lourde que l'autre. Il ne serait pas juste d'imposer à une commune une dépense aussi considérable pour des familles qui ne lui appartiendraient que depuis un an et qui n'auraient eu le temps de lui rendre aucun service appréciable ni par leur travail ni par leur contribution aux charges communales. Nous avons pensé qu'un séjour de trois ans sera nécessaire pour ouvrir un droit aux secours.

Mais, quand elles n'auront pas ce temps de séjour, les familles indigentes ne seront pas pour cela privées d'assistance; elles seront secourues par la collectivité dans laquelle elles auront résidé trois ans consécutifs; si c'est dans les communes d'un même département, ce sera à ce dernier de leur venir en aide; si c'est dans plusieurs départements, ce sera à l'État.

Au surplus, le domicile de secours, en ce qui concerne cette assistance, ne pourra se perdre que par une absence habituelle égale à la durée de séjour nécessaire pour l'acquérir. Il en résultera que l'assistance continuera à incomber à la commune du domicile de secours, malgré le départ de la famille, jusqu'à ce que ce délai de trois ans soit atteint. Mais si le secours est donné par une collectivité autre que celle du domicile de secours, on ne pourra réclamer à cette dernière que le montant du secours qu'elle aurait accordé, et cette réclamation devra se produire trois mois au plus après l'admission à l'assistance, afin de ne pas la mettre en présence d'une dépense imprévue trop considérable.

Comme l'émigration se fait des campagnes vers les villes, c'est surtout contre les communes rurales que s'exercera le recours en répétition d'avances. Or, il ne serait pas juste de leur imposer le payement intégral des secours tels qu'ils seront donnés à la ville, car ils y seront toujours plus élevés que chez elles, par suite de la cherté plus grande de la vie, ce dont elles ne doivent pas être rendues responsables.

## V

Contribution du département et de l'État la dépense.

Nous venons d'établir les conditions de domicile qui doivent mettre à la charge de la commune ses enfants pauvres. Voyons maintenant dans quelles conditions elle devra supporter seule la dépense ou bien être aidée par le département et l'État. Nous n'avons cru mieux faire que de nous inspirer des règles qui ont présidé à la répartition adoptée pour l'assistance médicale.

Quand la commune aura la bonne fortune de posséder, en vertu de legs, de donations, de souscriptions, de libéralités diverses, etc., des ressources d'assistance suffisantes pour couvrir les frais du service, elle ne recevra aucun concours financier du département et de l'État, puisqu'elle n'en a pas besoin. Mais lorsqu'elle sera obligée de recourir, en tout ou en partie, à des ressources provenant de l'impôt, le département contribuera à la dépense dans une mesure d'autant plus grande que le centime communal sera plus faible. D'autre part, si le département, de son côté, ne peut faire face à la charge qui lui revient qu'avec des ressources puisées dans l'impôt, l'État, à son tour, sera tenu de lui accorder des subventions d'autant plus élevées que son centime rapporté au kilomètre carré aura moins de valeur.

La part contributive de la commune, du département et de l'État, sera fixée, comme pour la médecine gratuite, par les barêmes A et B annexés au projet de loi. Mais nous n'avons pas adopté intégralement les proportions respectives qui figurent dans les barêmes de l'assistance médicale. Il nous a paru nécessaire de modifier les échelons supérieurs de ces barêmes, de manière à réduire la part contributive des communes pauvres et à augmenter d'autant celle du département et de l'État.

Pour les secours médico-pharmaceutiques, le législateur avait cru nécessaire de ne pas abaisser au-dessous de 20 0/0 la part contributive des communes les plus pauvres, c'est-à-dire celles dont la valeur du centime est inférieure à 20 francs. Il avait voulu intéresser d'une manière suffisante, au point de vue financier, les communes à maintenir cette assistance dans des limites raisonnables et à ne pas tomber dans l'abus, qui est plus facile dans cette branche que dans celle dont nous nous occupons.

En effet, au moment de la formation de la liste d'assistance médicale, on n'a à rechercher qu'une condition, à savoir si l'individu serait privé de ressources en cas de maladie. Or, c'est une affaire d'appréciation, et, suivant la manière de voir de chacun, cette condition peut s'appliquer à un plus ou moins grand nombre de personnes. Aussi, sous l'influence de considérations politiques, électorales ou autres, le bureau de bienfaisance et le Conseil municipal peuvent-ils se laisser entraîner à allonger outre mesure la liste de leurs indigents. Ils ne se rendent pas compte d'ailleurs, à ce moment, du sacrifice que ces inscriptions de complaisance imposeront à la commune. Ils peuvent même se bercer de l'illusion qu'elles ne coûteront rien. Tout le monde ne devient pas malade, et beaucoup passent de longues années sans être atteints.

Mais combien y en a-t-il qui, une fois inscrits, ne tardent pas à abuser du droit qu'ils ont obtenu ! Pour la moindre indisposition ils consultent le médecin et se font délivrer des remèdes souvent inutiles et même parfois des substances de luxe ou de pur agrément. S'ils sont sérieusement malades, ils voudraient avoir l'homme de l'art constamment à leur chevet et ne cessent de réclamer des visites qui ne sont pas nécessaires. C'est contre ces abus possibles et faciles que le législateur a voulu se prémunir en imposant à la commune une proportion suffisante de la dépense.

Bien différente est à ce point de vue l'assistance aux enfants des familles indigentes. Ici la loi exige deux conditions : d'abord l'indigence, et puis la privation du père ou de la mère ou des deux, un certain nombre d'enfants en bas âge, etc. Or, s'il est facile de ranger au nombre des indigents des personnes qui ne le sont pas réellement, il n'est pas possible d'inventer la seconde condition quand elle n'existe pas. Ce sont là des faits positifs, matériels, qui excluent tout arbitraire. De plus, comme au moment de l'admission d'un enfant au secours le bureau d'assistance et le Conseil municipal devront fixer le chiffre de la pension qui lui sera allouée, chacun verra aussitôt la charge qui incombera à la commune.

Ici point d'illusion comme dans l'assistance médicale. La charge ne sera pas éventuelle, problématique, mais bien certaine, immédiate ; elle ne sera pas intermittente, temporaire, mais permanente, et durera plusieurs années ; elle ne sera pas légère, réduite le plus souvent à quelques francs, mais relativement considérable, et pourra dépasser dans certains cas 200 francs par an. L'assistance médicale, en effet, ne coûte en moyenne que 4 ou 5 francs par indigent inscrit ; l'assistance des enfants coûtera plus de 100 francs par tête.

Ces considérations auront sûrement ce résultat que les bureaux d'assistance et les Conseils municipaux apporteront dans leurs inscriptions beaucoup de prudence et de circonspection. S'il y avait une crainte à concevoir, ce serait même qu'ils se montrent plutôt avares que prodigues de secours. Aussi, non seulement il n'est pas nécessaire pour cette branche d'assistance de prendre les mêmes précautions que pour celle relative aux malades, mais il importe au contraire d'apporter aux communes pauvres des avantages plus considérables.

Il est encore une raison des plus importantes qui rend indispensable la réduction du contingent des petites et moyennes communes. C'est que la contribution qui leur est demandée actuellement pour le service des enfants assistés et pour ceux secourus à domicile, parmi lesquels s'en trouve un certain nombre de légitimes, ne dépasse pas 20 0/0. Or, si pour l'assistance nouvelle on exigeait des communes les plus pauvres un concours minimum de 20 0/0, comme pour la médecine gratuite, il serait nécessairement plus élevé pour toutes les autres communes. Il pourrait en résulter chez celles-ci du mécontentement, de la résistance à appliquer la loi, et il serait à craindre qu'elles ne cherchent à se décharger le plus possible sur le service des enfants assistés qui serait moins onéreux pour elles.

Pour tous ces motifs, nous avons cru utile de modifier les cinq échelons supérieurs du barême A de la loi sur l'assistance médicale, de façon à réduire de 5 à 10 0/0 le contingent des communes visées dans ces échelons. Par contre, dans le barême B, la part contributive de l'État à la dépense des départements est augmentée de 10 0/0.

Grâce à ces dispositions, les frais seront répartis entre les trois groupes sociaux de la nation d'une manière assez équitable pour que chacun puisse remplir son devoir d'assistance sans compromettre son budget et sans imposer une charge trop lourde à ses contribuables respectifs.

## Dépenses. — Voies et moyens.

### I

Montant de la dépense nécessitée par cette assistance.

Nous avons vu au cours de cette étude que ce qui a empêché l'assistance publique de se développer et de se généraliser, comme il eût été désirable, c'est le manque de ressources dans les communes et les départements pauvres et la crainte de grever outre mesure les contribuables.

Si l'État s'est déchargé jusqu'ici, soit sur les établissements hospitaliers et les bureaux de bienfaisance, soit sur les communes et les départements, du devoir social qui lui incombe, c'est pour échapper à la dépense qui devait en résulter et qu'il supposait devoir être considérable. Mais l'application depuis quatre ans de l'assistance médicale a dissipé ces prévisions pessimistes. La dépense de l'Etat, en effet, malgré les tâtonnements et les imperfections du début, est restée bien au-dessous du chiffre prévu qui avait été évalué à environ deux millions. Elle n'atteint même pas encore un million et cependant, grâce à une interprétation de la loi plus libérale et plus conforme aux sentiments du législateur, la participation de l'État a été augmentée dans ces derniers temps d'une manière notable. C'est une démonstration saisissante de ce que l'on peut obtenir avec la règle, la méthode et la solidarité fiscale des trois groupes sociaux. Les mêmes principes appliqués à la nouvelle branche d'assistance produiront sûrement les mêmes excellents résultats.

Cherchons donc à établir aussi exactement que possible ce que coûtera l'assistance aux enfants des familles pauvres et la charge qui en résultera pour les communes, les départements et l'État et voyons si chacune de ces collectivités sera en état de supporter ce supplément de dépenses.

Pour cela, il importe d'abord de connaître le nombre des enfants qui devront bénéficier de l'assistance. Malheureusement il n'existe aucune statistique établissant le nombre des familles indigentes ayant des enfants au-dessous de quatre ans et se trouvant dans les conditions que nous avons énumérées plus haut. Ce n'est qu'avec les éléments qu'elles fournissent et grâce à certains calculs que l'on peut arriver approximativement à déterminer le chiffre des enfants qui seront appelés à recevoir des secours.

D'après Levasseur (1) on compte environ 3.320.000 enfants de moins de quatre ans. En appliquant à ce chiffre la proportion de

(1) *La population de la France.*

60 0/00 qui est indiquée par les bureaux de bienfaisance et d'assistance médicale comme représentant la population indigente, nous trouvons qu'il y a en chiffres ronds 199.200 enfants indigents au-dessous de quatre ans.

Mais pour qu'un enfant soit admis aux secours il ne suffit pas qu'il appartienne à une famille d'indigents, il faut encore qu'il y ait dans cette famille plus de deux enfants ayant moins de treize ans. Or les familles qui ont plus de deux enfants de tout âge sont dans la proportion de 34 0/0. Par conséquent il y aurait 67.700 enfants appartenant à des familles se trouvant dans cette condition. Mais, comme il faut, en outre, que les deux premiers nés dans ces familles aient moins de treize ans pour que le troisième puisse être secouru, on peut réduire, croyons-nous, à un tiers le chiffre ci-dessus pour avoir le nombre d'enfants à assister. Nous aurions donc pour cette catégorie 22.500 enfants à admettre aux secours.

Restent les autres catégories et notamment les orphelins de père ou de mère. On compte 3.093.428 veufs ou veuves. En admettant que dans ces familles il y ait en moyenne le même nombre d'enfants que dans les familles entières, c'est-à-dire 2,07, nous nous trouvons en présence d'une population de 6.400.000 âmes, qui donnera 384.000 indigents, d'après le taux de 60 0/00 que nous avons indiqué plus haut. Mais ces enfants indigents ne doivent être assistés que s'ils ont moins de quatre ans. Or, dans cette population l'immense majorité a dépassé cet âge et comprend même un très grand nombre d'adultes, car la plupart des veufs et des veuves sont âgés. Si nous supposons que la proportion des enfants au-dessous de quatre ans soit la même, ce qui est probablement exagére, dans ces familles que dans les autres où elle représente le onzième de la population totale, il nous faudrait prendre le onzième de 384.000, ce qui donnerait 36.000 enfants à assister de ce chef.

En réunissant les chiffres des deux catégories nous arrivons à un total de 58.500. Portons ce nombre à 60.000 pour tenir compte des autres catégories d'enfants, tels que les fils de divorcés, de père ou de mère abandonnés dont le contingent, du reste, ne peut pas être bien considerable, nous ne serons pas loin très probablement de la réalité, car il faut remarquer qu'un certain nombre de ceux qui figurent dans les dernières catégories ont déjà été comptés dans la catégorie des familles ayant plus de deux enfants. C'est donc une proportion d'environ 1,5 par 1 000 habitants.

Ces 60.000 enfants peuvent se classer de la manière suivante suivant les âges :

| | |
|---|---|
| Enfants de 1 an.................... | 18.000 |
| — de 2 ans................ | 16.000 |
| — 3 —................ | 14.000 |
| — 4 —................ | 12.000 |
| Total égal........... | 60.000 |

Les secours qui leur seront donnés varieront beaucoup selon les régions. Ils seront notablement plus élevés à la ville qu'à la campagne, dans les départements riches que dans les départements pauvres. Ils diminueront aussi au fur et à mesure que l'enfant avancera en âge. En évaluant les secours à une moyenne de 150 francs pour la première année, de 120 francs pour la seconde, de 100 francs pour la troisième et de 80 francs pour la quatrième, nous croyons être assez près de la vérité. Si nous ajoutons une allocation moyenne de 15 francs pour premiers besoins à chacun des enfants de la première année, nous arrivons à établir la dépense totale de cette nouvelle branche d'assistance de la manière suivante :

| | | | | | |
|---|---|---|---|---|---|
| Enfants de 1 an................. | 18.000 | × | 150 fr. | = | 2.700.000 fr. |
| — de 2 ans................. | 16.000 | × | 120 » | = | 1.920.000 » |
| — de 3 ans................. | 14.000 | × | 100 » | = | 1.400.000 » |
| — de 4 ans................. | 12.000 | × | 80 » | = | 960.000 » |
| Secours pour premiers besoins.... | 18.000 | × | 15 » | = | 270.000 » |
| | | | Total.......... | | 7.250.000 fr. |

L'assistance des enfants dans les familles indigentes et malheureuses coûterait donc pour toute la France environ 7.250.000 francs, ce qui fait ressortir la dépense à 0 fr. 19 en moyenne par habitant. Nous pensons que cette somme représente un maximum et ne sera même probablement pas atteinte, car nous nous sommes appliqué, dans les calculs auxquels nous venons de nous livrer, à forcer plutôt les chiffres qu'à les diminuer.

Ainsi, en ce qui concerne le nombre des enfants à assister, nous sommes arrivé, comme nous venons de le voir, au chiffre de soixante mille. Or, dans les départements où cette assistance a pris le plus d'extension et s'adresse à toutes les catégories que nous avons énumérées, tels que l'Aube, l'Eure, l'Eure-et-Loir, la Mayenne, la Meuse, la Nièvre, la proportion des enfants secourus, d'après les résultats de l'enquête dont nous avons parlé, ressort à environ 1,5 par 1.000 habitants. En général cette proportion n'est même que de 1 pour 1.000 dans la plupart des départements où le service est le mieux organisé. Dans le département de la Seine qui ordinairement tient la tête dans les œuvres d'assistance, le taux est inférieur à 1 par 1.000 habitants. Celui qui résulte du chiffre des assistés que nous avons trouvé dépasse légèrement 1,5 par 1.000, ce qui montre que nos évaluations n'ont pas été réduites dans un but intéressé. On peut donc conclure qu'en moyenne on aura à secourir un enfant par six cent soixante-six habitants.

D'autre part, si nous comparons les chiffres de secours que nous avons admis avec ceux que nous révèle l'enquête, nous verrons que, là aussi, nous avons établi largement nos calculs. S'il y a quelques rares départements qui donnent la première année des secours de 20 à 25 francs par mois, le plus grand nombre n'accorde que 10, 8, 7 et même 6 francs. Or, la moyenne que nous avons adoptée est de 12 francs.

Pour les enfants de trois à quatre ans notre moyenne tombe à 7 francs, mais dans la plupart des départements les secours sont réduits à 6 et même 5 francs par mois dans la dernière année d'assistance qui souvent est antérieure à la quatrième.

Quant aux secours pour premiers besoins, la grande majorité des départements n'en accorde pas ; un certain nombre se borne à avancer le premier mois. En admettant un chiffre moyen de 15 francs nous sommes bien au-dessus de ce qui se fait. Mais, comme ce genre de secours nous paraît indispensable, nous avons tenu non seulement à le rendre obligatoire, mais encore à lui donner une importance suffisante.

## II

**Ressources existantes ou à créer pour faire face à la dépense.**

La dépense de la nouvelle branche d'assistance s'élèvera donc au maximum à la somme de 7.250.000 francs. Comment trouver cette somme ? Comment sera-t-elle répartie entre les trois collectivités appelées à la payer et quelle sera la charge qui en résultera pour les petites communes pauvres qui doivent plus particulièrement nous intéresser, car il importe de savoir si elle ne sera pas au-dessus de leurs forces contributives ?

Il y a d'abord lieu de faire une distinction entre les communes qui possèdent des ressources pour l'assistance à domicile de leurs indigents, comme celles qui ont des bureaux de bienfaisance, et celles qui sont dépourvues de ce précieux établissement. Les premières sont au nombre de seize mille environ sur trente-six mille et comptent une population de vingt-six millions d'habitants. Les revenus de leurs bureaux de bienfaisance s'élevaient en 1896, d'après l'*Annuaire statistique de la France*, à la somme de 36.917.599 francs. En retranchant les frais généraux et d'administration, qui atteignent le chiffre de 2.636.839 francs, il leur reste à dépenser tous les ans 34.280.710 francs pour leurs indigents, sans compter ce qu'ils ont acquis depuis cette époque, car leur fortune augmente tous les jours d'une manière notable. Or l'assistance des familles pauvres et nombreuses rentre dans leurs attributions et constitue une partie importante de leur service. Nous avons donc le droit de demander à ces établissements de contribuer pour une part raisonnable aux dépenses de l'assistance qu'il s'agit d'organiser.

En fixant leur contribution à un sixième de leurs revenus, nous ne croyons pas dépasser leurs charges actuelles et nous leur laissons pour les autres catégories de malheureux qu'ils ont à soulager des ressources qui nous paraissent suffisantes.

Nous estimons, en effet, que pour l'assistance médicale un autre sixième est nécessaire et que, pour l'assistance de leurs vieillards et infirmes, qui est notablement plus coûteuse, on devra leur demander deux sixièmes ou un tiers. Ils disposeront donc encore d'un tiers pour faire face aux autres secours dont peut avoir besoin le restant de leur clientèle, qui ne se composera dès lors que de personnes valides dont l'assistance ne doit avoir lieu qu'exceptionnellement et avec circonspection.

Ce prélèvement d'un sixième donnerait 5.700.000 francs. Or, nous avons vu que, pour la population totale de la France, qui est de trente-huit millions en chiffres ronds, il faudra une dépense de 7.250.000 francs. Par conséquent, pour la population desservie par les bureaux de bienfaisance, qui est de vingt-six millions, les frais monteraient à la somme de 4.960.000 francs. Cette population aurait donc plus que le nécessaire; mais il y a lieu de remarquer que les secours seront plus élevés et plus nombreux dans les villes qu'à la campagne. L'excédent que nous venons de constater sera probablement absorbé, mais il sera suffisant, et c'est là l'essentiel.

Par malheur, ces ressources ne sont pas également réparties entre toutes les communes proportionnellement à leur population. Il y a surabondance sur certains points et disette ailleurs. Toutefois on peut admettre que les bureaux de bienfaisance dont les ressources s'élèvent de 1 fr. 25 à 1 fr. 50 par habitant seront largement en état de faire face aux frais de la nouvelle assistance, sans nuire aux autres branches d'assistance à domicile. Elle coûtera, en effet, avons-nous dit, 0 fr. 19 en moyenne par habitant. Mais cette proportion atteindrait-elle 0 fr. 25 dans les grandes agglomérations et les villes industrielles, comme ce chiffre n'est que le sixième de 1 fr. 50, l'assertion que nous venons d'émettre se trouverait encore justifiée.

Tous les bureaux n'ont pas assurément cette proportion de revenus. Nous pensons cependant que sur les seize mille bureaux existants il en est environ douze mille qui ont les ressources nécessaires. Il en resterait donc quatre mille qui seraient insuffisamment dotés. Mais nous ferons observer que ces bureaux se trouvent en général dans des communes peu peuplées et ne représentent que deux millions environ d'habitants. On peut donc conclure qu'il existe actuellement une population de vingt-quatre millions suffisamment pourvue de ressources. Nous n'avons dès lors à nous occuper que de la population restante qui compte quatorze millions d'habitants.

Si la dépense était la même dans les communes rurales que dans les grandes villes nous aurions besoin pour cette population d'une somme de 2.660.000 francs. Mais, comme nous l'avons dit, la dépense sera, ici, notablement plus faible. Tandis que la proportion par habitant pourra monter dans les villes à 0 fr. 25, elle tombera souvent à la campagne à 0 fr. 15. Nous nous bornerons cependant à réduire à 2.250.000 francs les ressources à trouver.

Nous pensons que les quatre mille petits bureaux de bienfaisance que nous avons détachés des douze mille bien dotés et les vingt-quatre mille communes restantes pourront disposer en moyenne de 10 francs chacun, ce qui nous donnera une somme de 240.000 francs. D'autre part, l'enquête à laquelle vient de procéder la direction de l'assistance publique nous apprend que les départements consacrent déjà à l'assistance des enfants pauvres une somme de 1.260.000 fr. Nous voilà donc en présence de 1.500.000 francs de ressources acquises. Il ne manque plus en conséquence que 750.000 francs pour arriver au chiffre de 2.250.000 francs dont nous venons de parler et pour compléter la somme de 7.250.000 francs que nous avons reconnue nécessaire à l'établissement de la nouvelle branche d'assistance.

Telle est la modeste somme qu'il reste à trouver pour réaliser cette œuvre d'une aussi haute portée philanthropique et sociale. Si on considère que les trois collectivités interviendront pour se partager la dépense, on voit que la charge pour chacune d'elles sera insignifiante et pourra être facilement supportée par les populations. Nous pouvons même affirmer que parmi les départements qui ont, à l'heure actuelle, le mieux organisé ces secours avec leurs seules ressources, il en est un certain nombre qui pourront réduire leurs crédits, par suite de la subvention qu'ils recevront de l'État, et bénéficier ainsi d'une économie. Enfin, comme cette assistance aura sûrement pour effet de diminuer d'une manière notable les abandons, les dépenses du service des enfants assistés diminueront dans la même proportion. Or, elles s'élèvent actuellement au chiffre considérable de 26 millions environ. Si faible que l'on suppose la réduction de frais qui en résultera, elle sera certainement supérieure à la somme de 750.000 francs de ressources nouvelles que nous avons reconnues nécessaires au nouveau service. On peut donc affirmer que, pour l'ensemble du pays, cette assistance constituera plutôt un allègement qu'une augmentation de charges, sans compter les avantages moraux, économiques et sociaux, que nous avons énumérés.

III

Dépense dans une commune de 500 habitants.

Pour mieux nous rendre compte de la situation qui sera faite aux finances des petites communes par ce nouveau service, prenons une commune de cinq cents habitants n'ayant ni bureau de bienfaisance ni ressources d'assistance d'aucune espèce et obligée par conséquent de tout demander à l'impôt. Elle n'aura pas toujours d'enfant à assister, puisque la proportion que nous avons trouvée n'est que de 1,5 par 1.000 habitants. Mais quand ce fait se produira, il lui faudra faire face à une dépense de 100 francs environ par an, car nous ne pensons pas que dans ces petites communes la moyenne des secours accordés pendant les quatre ans dépasse ce chiffre. Comme elle aura été obligée de demander les ressources à l'impôt, le département et l'État devront participer à la dépense conformément aux barèmes A e tB, et quand même elle ne serait pas des plus pauvres, sa part contributive ne dépassera pas 15 ou 20 francs, ce qui, on en conviendra, n'est pas excessif.

On objectera peut-être que cette commune a déjà subi une augmentation de charges du fait de l'assistance médicale, que demain elle devra encore en supporter une nouvelle pour l'assistance des vieillards et des infirmes, actuellement amorcée par l'article 43 de la loi de finances de 1897 et sans doute bientôt rendue obligatoire, et qu'il est à craindre que toutes ces dépenses réunies ne deviennent ruineuses pour elle. Voyons donc quelle sera la situation de cette commune quand les trois branches d'assistance obligatoire fonctionneront.

Nous savons aujourd'hui par expérience que l'assistance médicale revient à 0 fr. 25 environ par habitant. Pour notre commune de cinq cents habitants, la dépense est donc de 125 francs; mais comme, en vertu des barèmes de la loi, elle ne doit supporter que 25 0/0 de la dépense en moyenne, sa charge n'est en réalité que de 31 francs.

En ce qui concerne l'assistance des vieillards et des infirmes, si l'on s'en tenait à la proportion de 2 assistés pour 1.000 habitants qui est indiquée dans l'article 43 dont nous venons de parler, la commune en question n'aurait en moyenne à secourir qu'un de ces malheureux. Mais nous croyons cette proportion trop faible. Dans la proposition de loi que nous avons déposée sur le bureau de la Chambre, nous avons été amené à la fixer, d'après nos recherches, à 4 p. 1.000 environ. Ce serait donc deux vieillards ou infirmes que cette commune aurait à assister. Comme les pensions seront bien plus faibles à la campagne qu'à la ville et que l'hospitalisation elle-même coûtera moins cher dans les petits établissements que dans ceux des grandes cités, nous avons établi que la charge sera au maximum pour cette commune de 65 francs, en admettant que sa contribution s'élève même à 20 0/0 de la dépense au lieu de 10 ou 15 0/0, taux auxquels elle peut descendre avec les nouveaux barèmes que nous avons adoptés.

Si nous récapitulons les frais nécessités par les trois branches d'assistance obligatoire, nous trouvons pour l'assistance des enfants des familles indigentes 20 francs au maximum, pour celle des malades 31 francs et pour celle des vieillards et infirmes 65 francs, ce qui fait un total de 116 francs. Ainsi donc la charge maxima qui résulterait pour le budget d'une commune de cinq cents habitants, même lorsqu'elle n'aura aucune ressource d'assistance, ne dépasserait pas en moyenne 115 francs. C'est une proportion de 0 fr. 23 seulement par habitant.

Est-on, dès lors, fondé à s'effrayer, comme le font certains esprits timorés ou pessimistes, des conséquences financières de ce nouveau service et même de l'extension de l'assistance obligatoire à toutes les catégories de malheureux qui en relèvent? Ne devons-nous pas, au contraire, nous efforcer d'en poursuivre avec ardeur et persévérance la complète réalisation?

Si l'on éprouve une surprise en présence des chiffres que nous venons de citer, c'est qu'on puisse arriver à organiser d'une manière aussi générale et aussi satisfaisante l'assistance de ces trois grandes catégories de misères avec des dépenses aussi faibles. Preuve évidente de ce qu'on peut obtenir avec la règle, la méthode et l'application raisonnée et équitable de la solidarité sociale.

Ainsi, pour arriver au but que nous poursuivons, il suffirait de moins d'un million et de bien utiliser les ressources existantes. Est-ce là un obstacle sérieux et doit-il nous arrêter? Hâtons-nous donc d'accomplir cet acte d'humanité, de moralité et de patriotisme qui aura pour résultat de faire cesser la misère dans les familles les plus malheureuses, de diminuer les abandons, de fortifier les liens du sang qui ne tendent que trop à se relâcher, de relever notre natalité qui fléchit tous les jours au grand détriment du rôle et de la puissance de notre pays, de réduire la mortalité infantile et, par suite, « de conserver et d'accroître ce capital humain dont la moindre parcelle ne peut être perdue sans une atteinte à la sécurité et à la grandeur de la patrie (1). »

Nous soumettons avec confiance notre proposition aux sentiments humanitaires et démocratiques de la Chambre.

(1) Discours de M. Léon Bourgeois au comité consultatif d'hygiène, 15 janvier 1889.

# PROPOSITION DE LOI

## TITRE PREMIER

## *Organisation de l'assistance aux enfants des familles indigentes.*

### Article premier.

Tout enfant de nationalité française, privé de moyens d'existence ou dont les parents sont indigents, reçoit des secours à domicile de la commune, du département ou de l'État, suivant son domicile de secours, s'il se trouve dans l'une des conditions suivantes :

Orphelin de père ou de mère ou de l'un d'eux et non recueilli dans le service des enfants assistés;

Privé du père ou de la mère ou des deux par divorce, séparation judiciaire, abandon, incarcération, hospitalisation, service militaire ;

Ayant son père ou sa mère ou tous deux atteints d'invalidité ;

Ayant au moins deux aînés au-dessous de treize ans;

Frère ou sœur de jumeaux.

### Art. 2.

Les secours sont donnés en argent ou en nature. Ils sont précédés d'une allocation en argent ou en nature pour premiers besoins au moment de la naissance.

Ils sont continués jusqu'à la fin de la quatrième année, à moins de changement favorable dans la situation de la famille, et jusqu'à la fin de la treizième année pour les orphelins de père et de mère élevés par leurs grands-parents, des collatéraux ou des bienfaiteurs.

Les secours en argent peuvent être distribués toutes les semaines par la poste, en franchise.

Les secours sont incessibles et insaisissables.

### Art. 3.

La commune, le département ou l'État peut toujours exercer son recours, s'il y a lieu, soit l'un contre l'autre, soit contre toutes personnes ou associations tenues à l'assistance des enfants désignés dans l'article premier, notamment contre les membres de la famille visés par les articles 203 et 208 du Code civil.

### Art. 4.

Il est organisé dans chaque département, sous l'autorité du Préfet et suivant les conditions déterminées par la présente loi, un service de secours à domicile des enfants désignés dans l'article premier.

Le Conseil général délibère dans les conditions prévues par l'article 48 de la loi du 10 août 1871 sur l'organisation de ce service, la détermination du minimum et du maximum des secours et de l'allocation pour premiers besoins et le mode de payement des secours en argent.

Art. 5.

A défaut de la délibération du Conseil général sur les objets prévus à l'article précédent, en cas d'insuffisance ou d'exagération des secours ou en cas de suspension de la délibération en exécution de l'article 49 de la loi du 10 août 1871, il peut être pourvu à la réglementation du service par un décret rendu dans la forme des règlements d'administration publique.

## TITRE II

### *Domicile de secours.*

Art. 6.

Le domicile de secours s'acquiert, pour les enfants désignés dans l'article premier, par une résidence habituelle des parents dans une commune pendant une durée de trois ans. Pour les orphelins, le domicile de secours est dans le département du lieu de la naissance.

Le domicile de secours se perd : 1° par l'acquisition d'un autre domicile de secours; 2° par une absence ininterrompue des parents pendant trois ans.

Art. 7.

A défaut de domicile de secours communal, l'assistance incombe au département dans lequel les parents de l'enfant à assister auront acquis leur domicile de secours par une résidence habituelle de trois années.

Quand les parents n'ont ni domicile de secours communal ni domicile de secours départemental, l'assistance incombe à l'État.

## TITRE III

### *Fonctionnement de l'assistance.*

Art. 8.

Dans chaque commune, le bureau d'assistance institué par la loi du 15 juillet 1893 sur l'assistance médicale assure le service des secours aux enfants désignés dans l'article premier.

Il dresse, un mois avant la première session ordinaire du Conseil municipal, la liste des orphelins résidant dans la commune et des enfants qui, ayant leur domicile de secours dans la commune, doivent être admis à l'assistance et propose la nature et la quotité des secours et de l'allocation pour premiers besoins dans les limites établies par le Conseil général.

Il procède, un mois avant chacune des trois autres sessions, à la revision de cette liste et à celle des secours dont il peut demander la réduction, la suspension ou la suppression, s'ils ne sont pas employés à donner à l'enfant les soins nécessaires.

Art. 9.

La liste des enfants à assister et le montant des secours et de l'allocation pour premiers besoins, ainsi que la réduction, la suspension et la suppression des secours, sont arrêtés par le Conseil municipal, qui délibère en comité secret.

Cette délibération est déposée au secrétariat de la mairie et notifiée à l'intéressé dans la huitaine.

Le maire donne avis du dépôt, par affiches, dans les lieux accoutumés.

Art. 10.

Les réclamations en inscriptions et en radiations sur la liste d'assistance sont faites et jugées conformément aux articles 16, 17 et 18 de la loi du 15 juillet 1893 et à l'article 58 de la loi de finances de 1898.

Art. 11.

En cas d'urgence, dans l'intervalle de deux sessions du Conseil municipal, le bureau d'assistance peut admettre à l'assistance des enfants non inscrits sur la liste.

Le maire rend compte de cette admission en comité secret, dans sa plus prochaine séance, au Conseil municipal qui statue définitivement.

Art. 12.

Le Préfet prononce l'admission aux secours des enfants des familles dépourvues d'un domicile de secours communal.

Le Préfet est tenu d'adresser, au commencement de chaque mois, à la Commission départementale ou au Ministre de l'Intérieur, suivant que l'assistance incombe au département ou à l'État, la liste nominative des enfants admis aux secours pendant le mois précédent.

Art. 13.

Il ne pourra être exercé, contre le département ou la commune du domicile de secours, aucun recours en remboursement d'avances remontant à plus de trois mois et la somme à payer ne pourra être supérieure au montant de la dépense qu'aurait nécessitée l'assistance, si elle avait été donnée au domicile de secours.

Art. 14.

Les droits résultant d'actes de fondation, des édits d'union ou de conventions particulières sont et demeurent réservés.

## TITRE IV

### *Dépenses, voies et moyens.*

Art. 15.

Les dépenses du service des secours des enfants désignés dans l'article premier sont obligatoires.

Elles sont supportées par les communes, le département et l'État d'après les règles établies par les articles 16, 17 et 18.

Art. 16.

Les communes qui, après avoir affecté aux dépenses du service :

1° Leurs ressources spéciales de l'assistance aux enfants désignés dans l'article premier ;

2° Le sixième des recettes ordinaires nettes de leur bureau de bienfaisance n'ayant pas d'affectation spéciale ;

3° Les ressources ordinaires disponibles inscrites à leur budget ne provenant pas de l'impôt, seront obligées de recourir à des ressources fournies par l'impôt (centimes additionnels ou taxes d'octroi) pour se procurer le complément des fonds nécessaires, ne seront tenues de couvrir ce complément que dans la proportion de 10 à 90 0/0, conformément au tableau A ci-annexé.

Art. 17.

Les départements, outre les frais qui leur incombent de par les articles précédents, sont tenus d'accorder aux communes qui auront été obligées de recourir à des ressources provenant de l'impôt, des subventions d'autant plus fortes que leur centime sera plus faible, mais qui ne pourront dépasser 90 0/0 ni être inférieures à 10 0/0 de la dépense à couvrir, conformément au tableau A précité.

En cas d'insuffisance de leurs ressources spéciales pour l'assistance aux enfants désignés à l'article premier et des ressources ordinaires de leur budget ne provenant pas de l'impôt, ils auront recours à des ressources fournies par les centimes additionnels aux quatre contributions directes dans la mesure nécessitée par la présente loi.

Art. 18.

L'État concourt aux dépenses départementales du service, y compris les frais de la surveillance organisée par le Conseil général, par des subventions aux départements dans une proportion qui variera de 10 à 80 0/0 du total de ces dépenses à couvrir par des ressources provenant de l'impôt et qui sera calculée en raison inverse de la valeur du centime départemental par kilomètre carré, conformément au tableau B ci-annexé.

L'État est en outre chargé :

1° Des dépenses occasionnées par l'assistance des enfants sans domicile de secours ;

2° Des frais d'administration et de contrôle nécessités par l'application de la présente loi.

## TITRE V

### *Dispositions générales.*

Art. 19.

Les communes, les départements, les bureaux de bienfaisance et d'assistance et les établissements hospitaliers possédant, en vertu de legs et d'actes de fondation, des biens dont le revenu est affecté par le donateur à l'assistance des enfants désignés à l'article premier, sont tenus de contribuer aux dépenses du service jusqu'à concurrence dudit revenu, sauf ce qui a été dit à l'article 14.

Art. 20.

Les dispositions des articles 31, 32 et 33 de la loi du 15 juillet 1893, sur l'assistance médicale, sont applicables à la présente loi en ce qui concerne l'assistance des enfants désignés à l'article premier.

## Art. 21.

Les communes ou syndicats de communes qui justifient remplir d'une manière complète leur devoir d'assistance envers les enfants désignés dans l'article premier peuvent être autorisés, par une décision spéciale du Ministre de l'Intérieur rendue après avis du Conseil supérieur de l'Assistance publique, à avoir une organisation spéciale.

### TABLEAU A

*Servant à déterminer la part de dépense à couvrir par les communes au moyen de ressources provenant de l'impôt, pour l'assistance aux enfants des familles indigentes, et le mont[illegible]ention qui doit leur être allouée par le département et l'État eu égard à la valeur du centime communal.*

| VALEUR DU CENTIME. | PORTION DE LA DÉPENSE A COUVRIR par les communes au moyen de ressources provenant de l'impôt. | PORTION DE LA DÉPENSE A COUVRIR par le département au moyen de ses subventions et de celles de l'État. |
|---|---|---|
| Au-dessous de 20 francs | 10 p. 100 | 90 p. 100 |
| De 20 fr. 01 à 40 — | 15 — | 85 — |
| — 40 fr. 01 à 60 — | 20 — | 80 — |
| — 60 fr. 01 à 80 — | 30 — | 70 — |
| — 80 fr. 01 à 100 — | 40 — | 60 — |
| — 100 fr. 01 à 200 — | 50 — | 50 — |
| — 200 fr. 01 à 300 — | 60 — | 40 — |
| — 300 fr. 01 à 600 — | 70 — | 30 — |
| — 600 fr. 01 à 900 — | 80 — | 20 — |
| — 900 fr. 01 et au-dessus | 90 — | 10 — |

TABLEAU B

*Servant à déterminer le montant de la subvention qui doit être allouée par l'État aux départements pour leur part dans les frais de l'assistance aux enfants des familles indigentes à couvrir par des ressources provenant de l'impôt, eu égard à la valeur du centime départemental par kilomètre carré.*

| VALEUR DU CENTIME par kilomètre carré. | COEFFICIENT de subvention de l'État. | DÉPENSE à couvrir par le département. |
|---|---|---|
| Au-dessous de 2 francs | 80 p. 100 | 20 p. 100 |
| De 2 fr. 01 à 2 fr. 50 | 75 — | 25 — |
| — 2 fr. 51 à 3 francs | 70 — | 30 — |
| — 3 fr. 01 à 3 fr. 50 | 65 — | 35 — |
| — 3 fr. 51 à 4 francs | 60 — | 40 — |
| — 4 fr. 01 à 4 fr. 75 | 50 — | 50 — |
| — 4 fr. 76 à 6 francs | 40 — | 60 — |
| — 6 fr. 01 à 9 francs | 30 — | 70 — |
| — 9 fr. 01 à 15 francs | 20 — | 80 — |
| Au-dessus de 15 francs | 10 — | 90 — |

## TABLE DES MATIÈRES



Paris. — MOTTEROZ, imprimeur de la Chambre des Députés, 7, rue Saint-Benoît.

www.ingramcontent.com/pod-product-compliance
Ingram Content Group UK Ltd.
Pitfield, Milton Keynes, MK11 3LW, UK
UKHW021043220726
13924UKWH00001B/494